A B
Contraste insuffisant
NF Z 43-120-14


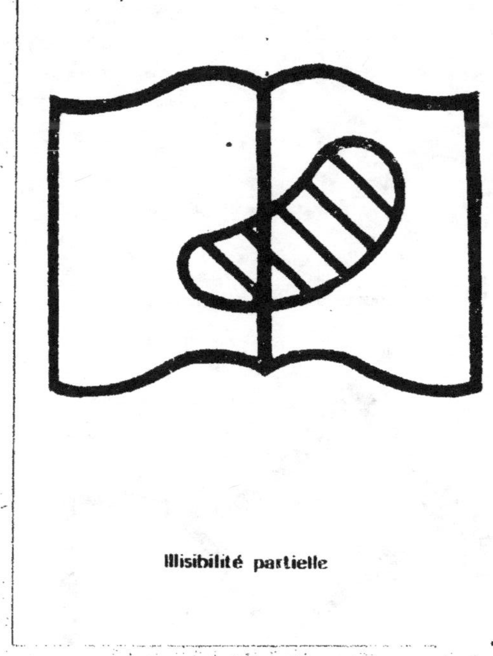


Illisibilité partielle

Original en couleur

NF Z 43-120-8

Couverture inférieure manquante

# DES LIMITES

## DE

# L'INTERVENTION DE L'ÉTAT

## DANS LA QUESTION OUVRIÈRE

PAR

## M. Léon AUCOC

MEMBRE DE L'INSTITUT

PARIS

LIBRAIRIE ALPHONSE PICARD

82, RUE BONAPARTE, 82

1886

# DES LIMITES

## DE

# L'INTERVENTION DE L'ÉTAT

## DANS LA QUESTION OUVRIÈRE

PAR

## M. Léon AUCOC

MEMBRE DE L'INSTITUT

PARIS

LIBRAIRIE ALPHONSE PICARD

82, RUE BONAPARTE, 82

1886

**EXTRAIT DU COMPTE-RENDU**

**De l'Académie des sciences morales et politiques**

(INSTITUT DE FRANCE)

**PAR M. CH. VERGÉ,**

Sous la direction de M. le Secrétaire perpétuel de l'Académie.

# DES LIMITES

## DE

# L'INTERVENTION DE L'ÉTAT

# DANS LA QUESTION OUVRIÈRE

Notre savant confrère, M. Paul Janet, s'excusait d'apporter son opinion dans ce débat économique, malgré sa qualité de philosophe. L'Académie ne s'étonnera pas qu'un membre de la section de législation et de droit public prenne part à son tour à la discussion (1). Le débat porte en effet sur la question de savoir si la tendance qui, depuis un certain nombre d'années, entraîne les législateurs de beaucoup de pays et même de l'Angleterre, la terre classique de l'individualisme, à faire intervenir l'État pour améliorer le sort des ouvriers, tendance que j'ai signalée plusieurs fois, en présentant les Annuaires de la société de législation comparée, est correcte au point de vue des principes de l'économie politique. Nous avons à rechercher dans quelle mesure l'intervention de l'État en cette matière peut se rapprocher du socialisme que nous condamnons tous, à quel moment elle devient condamnable et dangereuse, à quel signe nous reconnaîtrons les abus dans l'intervention de l'État. C'est une des questions les plus importantes du droit

---

(1) Ces observations ont été présentées à l'Académie des sciences morales et politiques dans une discussion ouverte par un rapport de M. Léon Say et à laquelle avaient déjà pris part MM. Leroy-Beaulieu, Janet et Courcelle-Seneuil.

public et administratif. Aussi M. Batbie a-t-il avec raison, dans la nouvelle édition de son *Traité*, consacré tout un volume à la question du rôle de l'État dans la société.

Mais j'étais embarrassé pour produire mon opinion immédiatement après celle de M. Janet. Je trouve qu'il a eu raison de signaler à M. Leroy-Beaulieu qu'il y avait une rigueur excessive dans la manière dont il caractérisait et dont il limitait le rôle de l'État; mais, à son tour, il a dépassé la mesure, et la doctrine qu'il a soutenue nous laisse sans défense contre les abus de l'intervention de l'État.

Il a distingué en effet le bon et le mauvais socialisme et il n'a vu le mauvais socialisme que dans les systèmes qui paralysent et absorbent l'individu au profit de l'État. Il ne redoute pas assez les systèmes qui, avant de paralyser l'individu, l'engourdissent et épuisent lentement ses forces. Le socialisme est la doctrine qui cherche à faire, en toute occasion et sans mesure, le bonheur de tous les citoyens ou du plus grand nombre, avec les forces sociales et la bourse commune. Qu'il vienne d'en haut ou d'en bas, à mon sens, il est toujours mauvais.

D'un autre côté, j'avouerai à MM. Leroy-Beaulieu, Courcelle-Seneuil et Léon Say que, si mes tendances sont conformes à celles qu'ils ont exprimées, si je suis d'avis, comme eux, de résister aux excès de l'intervention de l'État, je pense qu'ils compromettent leur cause en cherchant à établir un idéal qui ne pourra probablement se réaliser jamais, en se plaçant en dehors des conditions de la vie pratique des nations. Il faut avoir un idéal, assurément, aussi bien en matière d'économie politique qu'en matière de morale, de gouvernement et d'art. Mais il ne faut pas que cet idéal soit inaccessible. Nous voulons que nos doctrines puissent éclairer les législateurs, qu'elles puissent contribuer à former un courant d'opinion publique qui barre la route au socialisme d'État. Il ne faut donc pas s'exposer à les faire écarter par une fin de non-recevoir dans la presse et dans les débats des Chambres, à les faire considérer comme des utopies opposées aux utopies du socialisme, également impraticables, et qu'on laisse également de côté pour établir à moitié chemin la doctrine pratique.

Je scandalise peut-être en ce moment quelques-uns de nos confrères de la section d'économie politique. Mais je crois cependant rendre un service à leur cause qui, au fond, est la mienne, en leur demandant de se dégager de certaines formules trop rigoureuses et véritablement excessives. Ils pensent que, pour résister efficacement aux abus de l'intervention de l'État, pour ne pas se laisser entraîner de concession en concession, il faut, en principe, réduire le rôle de l'État à l'organisation de la sécurité publique, de la défense contre les attaques de l'étranger et les troubles de l'intérieur, à l'organisation de la police et de la justice et déclarer que, en dehors de ces objets, l'intervention de l'État n'est plus légitime, qu'elle est un mal, alors même qu'elle est nécessaire, ce qui permet de n'y consentir qu'à la dernière extrémité.

M. Leroy-Beaulieu a invoqué l'autorité de M. Herbert Spencer, qui, dans son nouveau livre *l'Individu contre l'État*, pousse jusqu'à ses dernières limites la théorie de l'individualisme. J'avais lu ce livre il y a peu de jours, et tout en étant attaché par l'originalité et la sagacité bien connues de l'auteur, j'étais choqué, je l'avoue, de sa hardiesse, de sa dureté même, inspirée par les théories de Darwin. L'Académie me comprendra si j'indique que M. Spencer condamne absolument toute assistance de l'État envers les faibles et les malheureux, parce qu'elle aboutit à faire peser des charges très lourdes sur des gens dignes d'intérêt pour soutenir des gens qui n'en méritent aucun, parce qu'elle aboutit, contrairement aux lois de la nature, à perpétuer les plus incapables, au lieu de les abandonner à leur sort pour laisser se perpétuer les plus capables. Les Spartiates avaient inventé cette doctrine avant M. Herbert Spencer.

Je suis obligé de citer le texte même d'un des passages les plus saillants de cette théorie pour justifier le reproche de dureté que je viens de lui adresser.

. . . . . . . . . . . . . . . . . . . . . . .

« Le développement des espèces supérieures, dit M. Herbert Spencer, est un progrès vers une forme d'existence capable de procurer une félicité exempte de ces nécessités fâcheuses. C'est dans la race humaine que cette félicité doit se réaliser. La civilisation est la dernière étape vers sa réalisation. Et l'homme idéal, c'est l'homme vivant dans les conditions où elle est réalisée. En attendant, le bien-être de l'humanité existante et le progrès vers la perfection finale sont assurés l'un et l'autre par cette discipline bienfaisante mais sévère, à laquelle toute la nature animée est assujettie: discipline impitoyable, loi inexorable qui mènent au bonheur, mais qui ne fléchissent jamais pour éviter d'infliger des souffrances partielles et temporaires. La pauvreté des incapables, la détresse des imprudents, le dénûment des paresseux, cet écrasement des faibles par les forts qui laisse un si grand nombre « dans les bas-fonds et la misère » sont les décrets d'une bienveillance immense et prévoyante (1). »

Enfin voici la formule qui résume toute la doctrine de M. Spencer sur l'intervention de l'État.

« Ici nous atteignons le terme suprême auquel doit s'arrêter l'intervention de la législation. Sous la forme même la plus modeste, toute proposition de s'immiscer dans l'exercice des activités des citoyens, si ce n'est pour garantir leurs limitations réciproques, est une proposition d'améliorer l'existence en violant les conditions fondamentales de la vie (2). »

Je suis loin de croire que M. Leroy-Beaulieu admette ces

_______

(1) L'*Individu contre l'État*, traduit par J. Gerschel, p. 100.
(2) *Id.*, p. 156.

théories Darwinistes ; mais elles inspirent visiblement le livre qui a été le principal point d'appui de son argumentation. D'autre part, M. Courcelle-Seneuil, dans sa réponse aux observations chaleureuses et peut-être trop poétiques de M. Janet sur les devoirs de la patrie, a répondu, avec une rigueur mathématique, que la société n'a pas de devoirs et qu'il s'agit seulement de rechercher les attributions qu'il peut être utile et sans danger de confier aux fonctionnaires qui, à un moment donné, représentent le gouvernement.

Je crois que la vérité est dans une doctrine intermédiaire entre celles de M. Leroy-Beaulieu et de M. Janet, et comme mon opinion est fondée à la fois sur des études théoriques et sur des études pratiques très prolongées, je demande à l'Académie la permission de lui dire comment j'y suis arrivé. Ce récit à lui seul en commencera la justification.

Je suis sorti du collège au moment de l'explosion de socialisme qui a suivi la Révolution de 1848. Il y avait, dans la vivacité de la polémique qui s'est produite à cette époque sur les réformes radicales de la société, de quoi frapper l'imagination d'un jeune homme. En ce temps-là, les cours d'économie politique, institués par M. Duruy dans les écoles de droit, n'existaient pas. La chaire du collège de France était momentanément supprimée. On s'instruisait un peu au hasard. M. Louis Blanc présidait au Luxembourg la commission des ouvriers ; le premier livre que j'ai ouvert pour étudier ces questions était l'Organisation du travail de M. Louis Blanc. J'avoue, et je prie les maîtres de l'Économie politique d'excuser ma faiblesse, que j'ai été séduit pendant quelques jours par ses théories. J'étais ému par les anathèmes fulminés contre la concurrence et ses déplorables effets, j'étais très touché par cette situation du père de famille qui a cinq enfants à nourrir et qui n'a pas un salaire plus considérable qu'un célibataire. La pensée de faire distribuer les salaires également ou même en proportion des besoins de l'individu, et non en proportion de la peine que prend le travailleur et de son talent, me paraissait tout-à-fait juste. Pour entretenir l'émulation malgré cette répartition des salaires, il suffisait d'une affiche portant ces mots solennels : « Dans un atelier de frères qui travaillent, tout paresseux est un voleur. » Mon erreur n'a pas duré longtemps. Les livres de Michel Chevalier, de Léon Faucher, de Bastiat, de Louis Reybaud, les discussions de l'Assemblée nationale sur le droit au travail m'ont ramené promptement dans la bonne voie. J'ai conservé aussi le souvenir de la collection des petits traités que le général Cavaignac avait demandés à l'Académie des sciences morales : *La propriété* de M. Thiers, *Les classes ouvrières* de M. Blanqui, *Les causes de l'inégalité des richesses* de M. Hippolyte Passy. Ces brochures m'ont fait prendre goût aux ouvrages classiques de la science. Depuis ce temps-là, grâce à mes maîtres, et ce n'est pas seulement aux anciens membres de l'Académie que je fais allusion, j'ai gardé l'horreur du socialisme sous toutes ses formes. Mes convictions se sont fortifiées par de nouvelles études sur les modifications successives des systèmes communistes, collectivistes, anarchistes. Ma dernière lecture n'est pas faite pour changer mon opinion. Dans les *Paroles d'un révolté* du prince Kropotkine, cet évangile de l'anarchie, la conclusion brutale et sans phrases est la provocation à un pillage général, et l'auteur, avec une candeur qu'on peut traiter de cynisme, affirme que, si le pillage se fait en grand, ce ne sera plus un vol, mais une réforme sociale, ce qui est une manière commode de justifier tous les crimes.

Mais, après mes premières études de droit, de socialisme et d'économie politique, je suis entré dans l'administration, et, pendant ma carrière de trente ans au conseil d'État, je n'ai cessé d'appliquer, d'enseigner et de contribuer à modifier les lois et règlements qui font intervenir l'État sous bien des formes dans les affaires des citoyens, par l'organisation des services publics, par des subventions et des protections, par des actes de police. Et j'ai dû me poser à chaque instant la question de savoir si cette intervention était légitime.

Quand je parle de l'intervention de l'État, j'ai tort ; je devrais dire l'autorité publique ; car cette intervention, elle peut venir soit de l'autorité centrale représentée par le législateur ou le gouvernement, soit de l'autorité locale qui, elle aussi, a un budget formé de contributions publiques, et qui a le pouvoir de faire des actes de police et même des règlements. Or l'intervention et la tyrannie des autorités locales, qui sont souvent moins éclairées, moins impartiales que l'autorité centrale peut être plus à redouter. On sait que la police des ateliers dangereux, insalubres et incommodes appartenait, depuis 1790 jusqu'à 1810, aux maires et que, à cette époque, les industries ne pouvaient se développer par suite des refus systématiques qu'opposaient les autorités locales, toujours inquiètes en face de la création d'établissements de cette nature. En 1810, le gouvernement a consulté l'Académie des sciences pour établir le classement de ces établissements industriels suivant les dangers et les inconvénients qu'ils présentaient et une loi nouvelle a confié, non plus aux maires, mais au gouvernement et à ses agents, préfets et sous-préfets, le soin de prendre des décisions, de façon à ne pas entraver l'industrie, sans toutefois compromettre la sécurité et la salubrité publiques.

J'aurais bien d'autres exemples à citer. N'a-t-on pas vu, dans ces derniers temps, des conseils municipaux chercher à exercer une influence sur le taux des salaires, soit par la fixation des séries de prix des travaux municipaux, soit par des subventions aux ouvriers engagés dans une grève ? L'autorité locale, on le voit, peut commettre des abus d'intervention, tout comme l'État.

J'ai donc eu souvent à me poser cette question : l'intervention de l'autorité publique est-elle légitime ?

Fallait-il m'en tenir à la théorie qui restreint les pouvoirs de l'autorité ou de l'État à l'organisation de la force publique, de la police et de la justice ? Fallait-il admettre que tout autre intervention est un mal, un danger ? La théorie me semblait bien rigoureuse. Et cependant j'étais inquiet de vivre en pleine hérésie. J'ai préféré me faire une orthodoxie.

Je me suis demandé, je me demande encore, et je crois bien n'être pas le seul, s'il est exact que l'autorité publique viole les lois essentielles de la vie, lorsqu'elle ne se borne pas à ce rôle étroit. En effet il n'y a pas un peuple au monde qui se soit résigné à ne tirer parti de la force sociale que pour instituer une armée, des gendarmes et des juges.

M. de Tocqueville a fait cette observation que la démocratie tend sans cesse à augmenter les attributions de l'État et les charges sociales. La raison en est que le plus grand nombre des électeurs, qui a des ressources personnelles très limitées, désire se procurer le plus de satisfactions qu'il est possible en puisant dans la bourse commune, dans le budget de l'État ou dans les budgets locaux. La justesse de cette remarque est devenue plus évidente que jamais. Les formes de gouvernement ne changent rien au fond des choses. Les gouvernements autoritaires vont au devant des désirs de la classe la plus nombreuse pour éviter les révolutions. Nous le voyons en Allemagne. Dans le régime parlementaire, les candidats font assaut de promesses devant les électeurs et, une fois qu'ils sont élus, ils multiplient les propositions de lois et assiègent les ministres pour donner satisfaction à leurs électeurs par un prélèvement sur le budget.

Très résolu à combattre l'extension abusive des attributions de l'État, j'ai cherché si la formule de l'individualisme pouvait servir efficacement dans cette lutte et je suis resté convaincu qu'elle est inefficace parce qu'elle est excessive.

J'admets avec MM. Leroy-Beaulieu, Courcelle-Seneuil et Léon Say que le rôle essentiel de l'État, celui sans lequel la société ne pourrait subsister, est bien l'organisation de la sécurité publique et de la justice ; mais, en dehors de ce cercle, il y a des cas où l'État peut agir légitimement, où il fait bien d'agir. Comment poser la limite qui empêchera les abus ?

Suivant moi, voici dans quelles conditions l'intervention de la puissance publique est un bien. Pour l'organisation des services publics aux frais des contribuables, et pour les subventions, l'intervention n'est légitime que si l'impuissance des individus isolés ou volontairement associés est démontrée et si le bien qu'il s'agit de faire, dans l'intérêt commun, est impossible sans le concours de la puissance sociale. Cette impossibilité justifie la transformation de la contribution volontaire des citoyens en une contribution forcée. Pour les mesures de police, d'interdiction, de limitation de la liberté des contrats, l'intervention de la puissance publique n'est légitime que s'il s'agit de préserver la société d'un mal. Je dis la société, et non les individus ou même une collection d'individus ; autrement nous descendrions rapidement la pente qui conduit au socialisme.

Sans doute, même dans les cas où son intervention peut être légitime, il faut que l'autorité publique soit très prudente, car l'histoire des erreurs qu'elle a commises par ses interventions est longue et instructive. Un des chapitres les plus intéressants du livre de M. Herbert Spencer sur l'*Individu contre l'Etat*, est consacré à l'énumération des résultats fâcheux de mesures qui avaient été prises en vue de faire du bien ; c'est ce qu'il appelle « les péchés des législateurs », et si l'on remontait un peu loin dans le passé d'autres pays que l'Angleterre, on ferait une bien longue nomenclature d'erreurs lamentables dictées par les meilleures intentions, mais qui ont produit le plus grand mal. C'est donc une raison de plus pour limiter l'intervention de l'autorité publique.

Qu'on me permette de donner quelques exemples pour faire apprécier la portée de la doctrine que je présente.

Je les prendrai naturellement dans la question ouvrière à laquelle il faut revenir, après avoir cherché un criterium qui ne peut être que général.

J'aurais été tenté de les prendre d'abord dans le service des travaux publics, parce que je le connais particulièrement et que M. Janet, qui en a parlé, n'a peut-être pas donné les raisons qui justifient le mieux son opinion et la mienne. Si l'intervention de l'Etat est légitime pour les routes et les chemins de fer, c'est avant tout parce que, sans le droit d'expropriation pour cause d'utilité publique, on n'arriverait jamais à créer ces voies de communication, on n'obtiendrait jamais le consentement amiable de tous les propriétaires qui se trouveraient sur le tracé ; c'est aussi parce qu'on ne pourrait pas organiser une entente à l'amiable pour l'entretien des travaux. Quant à la gêne que peut causer la perception des péages, c'est une question secondaire, puisque, dans plusieurs pays, les péages ont été perçus non au profit de concessionnaires, mais au profit du gouvernement ou des provinces ; c'était le cas en France jusqu'en 1810, c'était le cas, en Belgique, pour les routes nationales, jusqu'en 1866, et ce système subsiste encore en Belgique pour les routes provinciales.

J'aurais encore à montrer un type excellent d'une législation qui fait bien la part de la liberté individuelle et de l'action de l'autorité publique, dans la loi du 21 juin 1865 sur les associations syndicales. Les associations libres sont au premier rang, elles ont la faculté de faire des travaux de toute espèce. Les associations autorisées, où la majorité peut, avec l'approbation du gouvernement, contraindre la minorité, ne sont admises que pour les travaux de défense, de protection contre un danger, comme les travaux de dessèchement de marais, d'endiguement des rivières. Elles ne sont pas admises pour les travaux de simple amélioration, si utiles qu'ils soient, comme les travaux d'irrigation. L'État peut les encourager ; il ne peut pas leur donner le droit de contrainte à l'égard des voisins qui refusent d'améliorer leur situation.

Mais je veux me renfermer dans la question ouvrière. Prenons des exemples d'organisation de services publics, des exemples de mesures de police dans le sens large du mot.

L'organisation de l'assistance des pauvres en service public est-elle légitime ? Faut-il au contraire laisser agir exclusivement la charité privée ?

Je réponds qu'elle est légitime. La charité privée est impuissante à soulager toutes les misères. Elle a des ressources très inégalement réparties. Il y a d'ailleurs dans les mesures relatives aux aliénés, aux enfants trouvés, à la mendicité, des questions de sécurité publique et d'avenir de la population en même temps que des questions d'humanité. Je ne conclus pas pour cela à la taxe des pauvres organisée comme en Angleterre, mais il y a heureusement d'autres types d'assistance publique.

Pour les institutions de prévoyance, il y a un point embarrassant. Les caisses d'épargne se sont fondées et multipliées grâce à l'initiative privée, encouragée et surveillée par la puissance publique. Mais leurs développements ont été lents et il leur est difficile d'avoir des représentants dans les plus petites communes. Cette difficulté a conduit récemment à créer une caisse d'épargne confiée à l'administration des postes. Néanmoins l'institution ne me paraît pas conforme aux principes, mais je comprends que l'on conteste cette opinion.

Pour les assurances je n'ai pas d'hésitation. On s'est occupé beaucoup sous l'Empire des assurances par l'Etat. Il est sorti de ces études deux lois de 1868 sur la caisse d'assurances en cas de décès et la caisse d'assurances en cas d'accidents. On soutenait que l'industrie privée ne trouverait pas assez de bénéfices à entreprendre ces opérations à l'usage des ouvriers et ne les entreprendrait pas. Jusqu'ici les deux caisses n'ont guère prospéré. J'ai suivi leurs opérations pendant plusieurs années; la clientèle n'est pas venue. Elle ne viendrait que si la loi forçait les patrons à assurer leurs ouvriers, mais de quel droit imposerait-elle cette obligation ?

L'échec a été plus considérable pour les assurances agricoles contre la grêle, la mortalité des bestiaux, les inondations. Le projet avait séduit un moment le chef de l'Etat. Il a été abandonné à la suite d'une discussion qui a fait honneur au Conseil d'Etat et qu'il me sera permis de rappeler. On savait que l'Empereur attachait personnellement une grande importance à cette innovation. La section des travaux publics, de l'agriculture et du commerce y était très hostile. Le Conseil a été convoqué aux Tuileries. Là un conseiller d'Etat qui n'en était pas à faire ses preuves d'indépendance, M. Cornudet, a combattu vivement le projet de loi. Il a fait valoir que c'était à l'industrie privée à faire les opérations de cette nature, en proportionnant les primes aux risques qu'elle courait, que si l'opération était bonne, elle se ferait, que si elle était mauvaise, il serait contraire aux principes de la mettre à la charge de l'Etat. Après son discours, quelques rares partisans du projet s'apprêtaient à répondre. Mais l'Empereur a subitement interrompu la discussion ; il est venu serrer la main du conseiller d'Etat en lui disant: « Vous m'avez convaincu ; le projet est retiré ». Quelque temps après, M. Cornudet était nommé président de section, sur la proposition de notre très regretté confrère M. Vuitry.

Deux mots maintenant sur les mesures de police et de restriction de la liberté des contrats.

Je les admets quand il s'agit d'empêcher un mal pour la société. A ce titre, je comprends les réglements qui limitent le travail des enfants dans les manufactures. C'est l'avenir de la nation elle-même qui est en jeu. On pourrait l'admettre également et par le même motif pour le travail des femmes, même après leur majorité, et cependant c'est bien délicat. Il n'en est pas ainsi pour le travail des hommes faits. L'intervention de l'Etat ne se justifie ici que par la pensée d'améliorer leur sort ; on est sur la route du socialisme.

J'oppose la même objection aux caisses de retraites organisées au moyen de retenues que la loi imposerait à tous les ouvriers et aux mesures de protection comme celles que M. Léon Say a relevées dans le livre de M. Brentano. Il propose, par exemple, de forcer les patrons à payer les salaires tous les quinze jours. Ce mode de paiement est très utile et l'Etat l'impose aux entrepreneurs qui travaillent pour son compte ; mais de quel droit ferait-on une loi générale à ce sujet?

Il propose encore d'interdire aux patrons, aux compagnies industrielles, de tenir des débits dans lesquels elles procurent à bon marché à leurs ouvriers les choses nécessaires à la vie, aliments, combustibles et vêtements. Vous remarquerez qu'ici la puissance publique interviendrait pour empêcher les patrons d'aider leurs ouvriers, sous le prétexte qu'en les aidant, on les assujettit, on les enchaîne. Les partisans du socialisme d'Etat gardent pour eux le monopole des services à rendre aux ouvriers. Quand une grande compagnie leur fait du bien, elle est suspecte. Il est difficile de discuter sur ce terrain. Nous cherchons les principes de la science, on nous répond par la passion politique. Les abus qu'on a signalés dans quelques pays et dans des circonstances exceptionnelles, n'autorisent pas une défiance générale contre les patrons ; ils n'autorisent pas le législateur à leur interdire d'améliorer le sort de leurs ouvriers par un concours librement offert, librement accepté.

Nous ne voulons pas insister. Il suffisait de mettre en relief devant l'Académie quelques idées générales, et d'en montrer l'application dans un petit nombre d'exemples. Nous savons qu'on peut reprocher à notre formule de laisser une part trop large à l'appréciation du législateur. Où se trouve l'intérêt commun qui justifie la création des services publics et les subventions de l'État? Où se trouve le mal social qui justifie les mesures de police? L'histoire montre que les solutions ont souvent varié quand ces questions se posaient. Mais on ne peut songer à établir des règles qui dispensent le législateur d'être éclairé et d'être prudent. L'essentiel est de fournir un point de résistance contre des tendances dangereuses.

En résumé, il nous semble que notre système limite d'une manière efficace l'action de l'Etat sans lui enlever ce qu'il peut y avoir de légitime dans son intervention. Nous ne voulons pas mettre l'État à l'avant-garde du progrès; nous y plaçons les individus et les associations d'individus. Mais il est bien placé à l'arrière-garde. Dans ces conditions, son intervention est utile; elle est un bien, et néanmoins, elle ne justifie pas, par de mauvais précédents, l'avènement du socialisme.

Orléans. — Imp. Paul Girardot.

www.ingramcontent.com/pod-product-compliance
Lightning Source LLC
LaVergne TN
LVHW010057060726
842524LV00006B/2243